はるはるママ パワーチャージ ごはん

子どもウケも
栄養もばつぐん

はるはる

KADOKAWA

はじめに

こんにちは！

この本を手に取っていただき、ありがとうございます。

サッカーに励む2人の息子のため、会社員として働きながら約10年にわたり、栄養満点でおいしいごはんを心がけてきました。

本書で紹介しているのは、成長期の子どもたちやスポーツをする子どもたちをたくましく育てようとしている、忙しい親御さんたちにおすすめしたいレシピです。

共働き家庭も多く、時間のないなかで子育てされている親御さんも多いと思います。

そんな忙しい子育て世代の役に立ちたいと思い、栄養満点でおいしくて、しかも簡単にさっと作れる料理をたくさん紹介しています。

特に栄養バランスに気を遣ったレシピが勢ぞろい！

子どもはもちろん、大人も栄養バランスのよい食事ができ、健康なカラダを養うためのレシピを考え抜きました。

子育て中はもちろん、子育てが終わったときやシニアになったとき、娘や息子が一人暮らしを始めるときなど……。

この本をずっと手元において、いつまでも使い続けていただけたらうれしいです。

はるはる

目次

はじめに……3

はるはるママ's Profile……7

子どもウケ最強！

1章
肉・魚のメインおかず

やわらかチキンと野菜のレモンマスタードしょうゆ……12

ふわ卵鶏チリ……13

トリプルミートのチキンカレー……14

鶏むね肉の青じそガレット……16

ささみと野菜のナゲット……17

鶏肉とお豆のオイマヨ炒め……18

ビーフチャップ……19

牛肉と豆腐の中華炒め……20

豚こまとほうれん草のお豆腐お焼き……21

トマトオニオンポークソテー……22

豚しゃぶとアボカドの青じそレモン……24

豚肉と大豆ときのこの照り煮……24

豚肉とコーンのスパイス炒め……26

ポークビーンズ……28

肉巻きチーズ in ほうれん草……29

半熟卵のデミ煮込みバーグ……30

海鮮と豆腐のうま塩あんかけ……32

鮭と豆腐のナゲット……33

さば缶と卵とほうれん草のオイスター炒め……34

具材を入れて
煮込むだけ！

2章
主役級のパワースープ

ささみとキャベツのトマトスープ……40

鶏とかぼちゃのミルクスープ……41

鶏むね肉とたっぷり野菜のポトフ……42

鶏とあさりのにんにくスープ……44

豚ひれ肉とブロッコリーのスペシャルスープ……45

アボカド豚キムチスープ……46

はんぺん鶏団子の塩麹スープ……48

鮭と小松菜のかきたまスープ……49

栄養満点ミネストローネ……50

バランス完璧！

3章
食べごたえ抜群の野菜系おかず

ブロッコリーとマカロニの和風サラダ……56

砂肝とブロッコリーのねぎ塩レモン……58

エリンギとブロッコリーのペペロン炒め……59

ほうれん草と半熟卵のマスタードサラダ……60

ほうれん草とにんじんのさばマリネ……61

とろとろ温泉卵のポテトサラダ……62

じゃがいもとお豆腐のチーズ焼き……64

さつまいもとお豆の甘辛じゃこ……65

オクラとなすとトマトの簡単煮浸し……66

豆腐チャンプルー……67

高野豆腐とほうれん草のグラタン……68

厚揚げとピーマンのふわ卵炒め……70

はんぺんツナひじきコロッケ……71

豚しゃぶと野菜のごまドレサラダ……72

4章
子どもも大人も大満足な麺&丼

トマトとツナの冷製パスタ ……78

鶏肉と彩り野菜のチーズクリームパスタ ……80

しらすとたらこの和風パスタ ……81

あさりときのこのクリームスパゲッティ ……82

豚肉とキャベツの和風パスタ ……84

豚キャベツ煮込みうどん ……85

豆乳担々つけ麺 ……86

きのこハヤシライス ……88

トマトキーマカレードリア ……89

海鮮ライスサラダ ……90

彩り野菜のチーズ麻婆丼 ……92

シシリアンライス ……93

スタミナポパイ飯 ……94

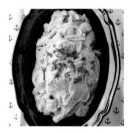

5章
お手軽スポ副菜

きゅうりとクリームチーズのおかかあえ ……100

きゅうりときくらげのさっと漬け ……100

切り干し大根とパプリカの中華あえ ……102

混ぜるだけ切り干しツナサラダ ……102

ひらひらにんじん ……103

アボカドクリチ昆布 ……103

ちくわとアボカドおつまみ ……104

究極副菜・まごわやさしい ……105

トマトもずく酢 ……106

トマトとわかめと枝豆のマリネ ……106

ほうれん草とわかめのお浸し ……107

シャキシャキもやしとわかめのナムル ……108

水菜の簡単サラダ ……109

オニオンツナサラダ ……110

のり塩オクラ ……111

蒸しなす中華マリネ ……111

【コラム】 基本のキを教えます！ 子どものカラダがすくすく育つ"ごはん作り"の心得！……8

ちょっぴり意識して！ 栄養素の正しい知識……36

冷蔵庫にストック！ 栄養バランスをパッと整えられる"下ごしらえ技"……52

作りすぎても安心♪ 残ったおかずの展開バリエーション！……74

シーンに合わせて選んで！ 効能別・チャージみそ汁……96

〈料理を作る際には〉

- 本書の計量単位は、大さじ1＝15mℓ、小さじ1＝5mℓです。
- 本書内の「適量」は「ちょうどよい分量」の意味です。お好みに合わせて調整してください。
- 電子レンジの加熱時間は600Wのものを使用した場合の目安です。500Wの場合は1.2倍、700Wの場合は0.8倍で計算してください。
- 電子レンジやオーブントースターは、機種によって加熱時間が多少異なる場合があります。表記している時間を目安にして、様子を見ながら加熱してください。
- 材料における野菜のg表記はおよその目安です。また、野菜類は特に指定のない場合は、洗う、皮をむく、ヘタを取るなどの作業を済ませてからの手順を説明しています。
- フライパンはフッ素樹脂加工のものを使用しています。
- 調味料類は特に指定していない場合は、しょうゆは濃口しょうゆ、酒は日本酒（料理酒）、砂糖は上白糖、こしょうは白こしょう、黒こしょうをお好みで使用してください。

はるはるママ's Profile

小学校〜大学まで競泳選手として過ごし、高校時代の寄宿生活で本格的にアスリートの食事の大切さを学ぶ。2児の母となってからは、サッカーを頑張る息子たちに向けて、強くてたくましいカラダのための食事を作り、2014年にブログ『はるはるの子供アスリート栄養満点ご飯』を開設。アスリートフードマイスター2級の知識を生かした献立が人気に。2022年に北海道から福岡県へ移住。子どもへのサポートが終わったことで、より多くの人々にノウハウを伝えるべく、ブログ、Instagram、YouTubeでの発信のほか、オンライン学校も開校している。

ブログ

ライブドア公式ブログ
『はるはるの子供アスリート栄養満点ご飯』
http://haruharukeitakku.blog.jp/

YouTube チャンネル

「はるはる家の台所 haruharu_kitchen」
https://www.youtube.com/@haruharu_kitchen1054

instagram

@haru_haru_kitchen

staff
撮影／横田 裕美子（STUDIO BANBAN）
スタイリスト／すずき尋巳
フード制作／三好弥生
デザイン／岡 睦（mocha design）、更科絵美
執筆協力（レシピ部分）／富永玲奈（アプレミディ）
執筆協力（はじめに・コラム部分）／朝倉由貴
編集／衛藤理絵、富永明子（サーズデイ）
DTP／Office SASAI
校正／麦秋アートセンター

基本のキを教えます！
子どものカラダがすくすく育つ
"ごはん作り"の心得！

ごはん作りの心得

1 食材をひとつでも多く！

「これがカラダにいいから」と特定の栄養素や食材だけに偏るのは誤り。さまざまな食材から幅広く栄養素を摂っていただくことが一番のポイントです。理想は一日30品目ですが、無理におかずの数を増やさなくても大丈夫！ 例えば、おみそ汁に食材を3品目使っているとしたら、5品目に増やしてみて。食材の数を増やすことが、栄養バランスのとれた食事への第一歩になります。

ごはん作りの心得

2 長くずっと続けていく！

カラダづくりのために大事なのは、長く続けること。気合いを入れて「栄養バランスのいい食事」を始めても、短期間で力尽きてしまったらしょうがないですよね。続けるためには無理のない、自分に可能なペースで実践していただければと思います。毎日やらなくてもいいんです。週に2～3回、この本にあるレシピを作っていただけたら、長期的にみて十分に意味があると思います。

ごはん作りの心得

3 力まず、上手に手抜きする!

子育て世代の親御さんはとにかく忙しい。仕事、家事、子どもの世話など、やることがありすぎて、3食を手作りするのは難しいことだと思います。続けていくためには、力まず、上手に手抜きしましょう。コンビニやデパ地下で出来合いのおかずを買ったり、外食したりしてもOK！ ポイントはメニューや食材の選び方。少しでも多くの食材が摂れるメニューを選ぶようにしましょう。

たくましいカラダを育てる食事を作るために、
心構えとして覚えていただきたいポイントをまとめました。
自分のできる範囲で、無理なくとり入れてくださいね。

食事と休養（睡眠）がカラダをつくる土台に！

運動

スポーツの技術的なトレーニングなど、チームやコーチに全面的におまかせする部分です。

ここが大切！

カラダづくりの土台となる重要なポイントで、家庭でしかサポートできない部分です。

休養（睡眠）

カラダの回復とメンタルを整えるために不可欠なもの。筋肉は寝ている間につくられます。

食事

カラダは食べたものでつくられる！ カラダづくりとパフォーマンスに大きく影響します。

子どもがすくすく育つ方程式

運動＋食事＋睡眠＝強いカラダ

運動する成長期の子どもは、「日常生活の活動分」「成長する分」「運動する分」の3段階の栄養が必須。これが足りないと、疲れやすい、怪我をしやすいなどの影響が出て、成長分に栄養がいかなくなることも。"カラダをつくるために食べる"必要があります。カラダの回復と成長、メンタルを整えるためには質のよい睡眠も不可欠。練習の成果を存分に発揮するためにも、カラダの土台づくりには食事と睡眠が重要です。

1章

子どもウケ最強！

肉・魚の メインおかず

子どもが大好きな肉と魚のボリューム満点おかずが満載！
たんぱく質でパワーチャージできるのはもちろん、
野菜もたっぷり入っているのでビタミンやミネラルなど、
成長に必要な栄養素がしっかり摂れます。
食欲をそそる味付けで、普段の食卓にもお弁当のおかずにも◎！

野菜のビタミンCと
むね肉のビタミンB6で
筋肉量UP

やわらかチキンと野菜の
レモンマスタードしょうゆ

材料 (2〜3人分)

鶏むね肉…300g
ブロッコリー
　…½株 (150g)
パプリカ…¼個
玉ねぎ…¼個 (50g)
小麦粉…大さじ2
オリーブ油…大さじ1〜2
レモン汁…小さじ1〜2

A ┌砂糖…小さじ½
　　│塩…小さじ¼
　　└酒…大さじ1

B ┌しょうゆ…大さじ1
　　│酒…大さじ1
　　│みりん…大さじ1
　　│粒マスタード…小さじ1
　　│にんにくチューブ
　　└　…1㎝

作り方

1 鶏肉は縦半分に切り、繊維を断つように1㎝幅の斜め切りにする。ポリ袋に入れて**A**をもみ込み、15分おく。

2 別のポリ袋に**1**を入れたら小麦粉を入れ、鶏肉全体に小麦粉をまぶす。

3 ブロッコリーは小分けにして、パプリカと玉ねぎは2㎝角に切る。

4 フライパンにオリーブ油を熱し、**2**の鶏肉をフライパンのふちの内側に並べて弱めの中火で約3分焼く。鶏肉をひっくり返したらフライパンの真ん中をあけて**3**を炒め、ふたをして約3分焼く。全体に火が通ったら**B**を入れ、水分を軽く煮飛ばすようにしながらたれを絡める。最後にレモン汁をかける。

\\\ POINT ///

鶏肉を焼いている間に野菜を焼くテクニック。ひとつのフライパンで済むので手間も時間も節約できます。

卵を加えて鉄分プラス！
最強鶏チリでパワーチャージ

ふわ卵鶏チリ

材料（2～3人分）

鶏むね肉…300g
玉ねぎ…¼個（50g）
ピーマン…2個
卵…2個
牛乳…大さじ1
小麦粉…大さじ2
ごま油…適量

A
砂糖…小さじ½
塩…小さじ¼
酒…大さじ1

B
トマトケチャップ…大さじ2
しょうゆ…小さじ1
砂糖…小さじ1½
鶏がらスープの素…小さじ½
片栗粉…小さじ1
水…大さじ4
にんにくチューブ…1㎝
しょうがチューブ…1㎝
豆板醤…小さじ½～小さじ1
（好みで調整。小さじ1はピリ辛）

作り方

1 鶏肉は縦半分に切り、繊維を断つように2㎝幅に切る。ポリ袋に入れて**A**をもみ込み15分おく。

2 玉ねぎはみじん切り、ピーマンはざく切りにする。**B**は合わせておく。卵をボウルに割り、牛乳を入れて溶いておく。別のポリ袋に**1**と小麦粉を入れ、鶏肉全体に小麦粉をまぶす。

3 フライパンにごま油を熱し、**2**の卵を入れて半熟に仕上げて取り出す。フライパンをキッチンペーパーでさっと拭いて油を足し、**2**の鶏肉を両面3分ずつ焼く。鶏肉をひっくり返すタイミングで真ん中をあけて、ピーマン、玉ねぎを炒める。

4 全体に火が通ったら、合わせた**B**を入れて煮絡める。**3**の卵をもどし、全体をざっくりと混ぜる。

トリプルミートの
チキンカレー

材料（2〜3人分）

鶏手羽元…6〜7本
　（鶏もも肉250gに変更も可）
合いびき肉…200g
にんじん…100g
玉ねぎ…½個（100g）
エリンギ…2本（100g）
バター…10g
塩、こしょう…各適量
ごはん…適量
刻みパセリ…適宜
A ┌ 無糖ヨーグルト…100g
　　└ カレー粉…大さじ1
B ┌ トマト水煮（カット）缶…1缶
　　│ カレー粉…小さじ1
　　│ 顆粒コンソメスープの素
　　│ 　…小さじ1
　　│ 砂糖…小さじ2
　　│ オイスターソース…大さじ1
　　│ にんにくチューブ…1cm
　　└ しょうがチューブ…1cm

作り方

1 手羽元は骨に沿って切り込みを入れる。ポリ袋に手羽元、**A**を入れてもみ込み15分おく。

2 にんじん、玉ねぎ、エリンギはそれぞれみじん切りにする。

3 大きめのフライパンでひき肉と**2**をよく炒める（油は不要）。**1**を汁ごと入れ、**B**も加えたら、ふたをして中火にかける。ふつふつとしてきたら弱火にして15分ほど煮る。しっかり煮込むことでトマトの酸味がうまみに変わる。

4 バターを入れて塩、こしょうで味を調える。

5 お皿にごはんを盛り、**4**をかけてお好みで刻みパセリを散らし、らっきょうやピクルス（分量外）を添える。

\\ POINT //

鶏の手羽元、合いびきの牛肉＆豚肉で3
種類のお肉を使用。鶏肉のビタミンB6
は筋肉づくりに、牛肉の鉄分と亜鉛は持
久力と筋肉づくり、豚肉のビタミンB1
は持久力＆疲労回復に役立ち、アスリー
トのカラダづくりにぴったりの栄養素が
一気に摂れます。トマト缶を使っている
ので、抗酸化効果も期待できます。

3種のお肉のうまみが
詰まったコクのある味わい

青じそが味の決め手！
疲労回復にもおすすめおかず

鶏むね肉の青じそガレット

材料（2～3人分）

鶏むね肉…300g
にんじん…50g
青じそ…10枚
玉ねぎ…¼個（50g）
ピザ用チーズ…40g
サラダ油…適量
A┌ 酒…大さじ2
　│ 片栗粉…大さじ3
　│ 顆粒コンソメスープの素
　└ 　…小さじ1

作り方

1 鶏肉は厚みのある部分を切り開き、3等分に切って細切りにしていく。にんじん、青じそはせん切り、玉ねぎは薄切りにする。

2 ボウルに**1**、チーズ、**A**を入れてよく混ぜる。

3 フライパンにサラダ油を熱し、**2**を平たく広げる。ふたをして弱めの中火で3分焼く。

4 **3**をふたにのせ、上からフライパンをかぶせてひっくり返し、反対面を3分ほど焼いて完成。食べやすい大きさに切って盛る。

\\ POINT //

4の工程では、フライパンをかたむけてふたの上にゆっくりとスライドさせるようにのせるのがポイントです。

ささみと野菜のナゲット

材料(2〜3人分)

鶏ささみ…3本
玉ねぎ…¼個(50g)
にんじん…40g
ピーマン…1個
コーン缶…50g
サラダ油…適量

A
しょうゆ…大さじ1
酒…大さじ1
片栗粉…大さじ4
にんにくチューブ…3cm
しょうがチューブ…3cm
塩…小さじ½
こしょう…適量

作り方

1 ささみは筋を取り、斜め細切りにする。玉ねぎ、にんじん、ピーマンはそれぞれせん切りにする。

2 ボウルに**1**、汁を切ったコーン、**A**を入れてよく混ぜる。

3 フライパンにサラダ油を少量熱し、**2**を大きめのスプーンで食べやすいサイズにすくって入れ、弱めの中火で両面2〜3分ずつこんがりと焼く。

低脂肪高たんぱくなささみがたっぷりでヘルシー!

鶏肉とお豆のオイマヨ炒め

材料（2〜3人分）

鶏もも肉…200g
パプリカ…½個
ピーマン…2個
玉ねぎ…½個（100g）
蒸し大豆…100g
しょうゆ…小さじ1
塩、こしょう…各適量
A ┌ オイスターソース
　　　…大さじ1
　　├ マヨネーズ…大さじ1
　　├ 酒…大さじ½
　　└ 砂糖…小さじ½

作り方

1 鶏肉はひと口大に切りポリ袋に入れ、**A**を加えてもみ込む。パプリカ、ピーマン、玉ねぎはそれぞれ1.5㎝角に切る。

2 フライパンに**1**と大豆を入れて弱めの中火で炒めていく。鶏肉に火が通ったらしょうゆを回しかけ、塩、こしょうで味を調える。

鶏と大豆のWたんぱく質で疲れを吹き飛ばせ！

ビーフチャップ

牛肉の鉄分&コーンの
炭水化物で持久力UPを狙おう

材料（2〜3人分）

牛赤身切り落とし肉…300g

パプリカ…½個

ピーマン…2個

コーン缶…70g

小麦粉…大さじ1

サラダ油…適量

塩、こしょう…各適量

A ┌ トマトケチャップ…大さじ5
　　│ 中濃ソース…大さじ½
　　│ 酒…大さじ1
　　└ 砂糖…小さじ1

作り方

1 パプリカ、ピーマンは細切りにする。

2 牛肉に塩、こしょうで下味をつけて小麦粉をまぶす。

3 油を熱したフライパンで**1**を炒める。牛肉を加えて火を通す。**A**と汁を切ったコーンを入れて炒め合わせる。

汗をかくと失われる鉄分と
ビタミンCをチャージ！

牛肉と豆腐の中華炒め

材料（2〜3人分）

牛もも薄切り肉…150g
もめん豆腐…300g
ピーマン…2個
パプリカ…½個
酒…大さじ1
ごま油…適量
A ┌ オイスターソース
　　…大さじ1½
　├ みりん…大さじ1½
　├ しょうゆ…大さじ1
　├ 砂糖…大さじ1
　├ 水…大さじ1
　└ 片栗粉…小さじ½

作り方

1 豆腐はキッチンペーパーに包み、電子レンジで2分加熱する。

2 ピーマン、パプリカはそれぞれ細切りにする。牛肉は酒をもみ込んでおく。ボウルにAを合わせておく。

3 ごま油を熱したフライパンでパプリカとピーマンをさっと炒めたら、牛肉を加える。肉の色が変わったら、豆腐を手でちぎって入れてAを回しかける。全体にたれを絡めながら炒め合わせる。

\\\\ POINT //

豆腐は大きめに手でちぎります。炒める際、豆腐がくずれないようにざっくりと混ぜるのがポイントです。

チーズ入りでコクも栄養もUP!
カルシウム豊富な一品

豚こまとほうれん草のお豆腐お焼き

材料（2～3人分）

豚もも切り落とし肉…200g
もめん豆腐…150g
ほうれん草…½束
ピザ用チーズ…30g
白いりごま…大さじ2
サラダ油…大さじ1
A ┌ 鶏がらスープの素…小さじ1
　│ にんにくチューブ…2cm
　│ 片栗粉…大さじ2
　└ 小麦粉…大さじ2

\\\ POINT ///

強い骨や歯をつくり、筋肉を動かすのにも役立つカルシウムは、絹ごし豆腐よりもめん豆腐のほうが多く含まれているので、アスリートにおすすめ！

作り方

1 ほうれん草は2cm幅に切り、耐熱容器に入れてラップをかけて電子レンジで1分加熱する。流水でしっかり洗いアク抜きしたあと、水けを切る。豚肉は大きめのものであればカットする。

2 ポリ袋またはボウルに豚肉、ほうれん草、もめん豆腐、チーズ、ごま、**A**をすべて入れ、よく混ぜる。

3 フライパンにサラダ油を入れて火にかけ、**2**を4等分になるようにスプーンですくって落とし入れる。ふたをして両面約3分ずつ焼き、中まで火を通す。

4 お皿に盛り、お好みでぽん酢（分量外）などをつける。

トマトオニオンポークソテー

彩りをプラスしたほうれん草で
栄養価がさらにUP!

材料 (2〜3人分)

豚肩ロース肉
　…2枚 (約300g)
玉ねぎ
　…½個 (100g)
ミニトマト…5個
ほうれん草…½束
小麦粉…適量
サラダ油…適量

塩、こしょう…各適量
A オイスターソース
　…大さじ1
しょうゆ…大さじ1
酒…大さじ1
砂糖…大さじ½
にんにくチューブ
　…2cm

作り方

1 玉ねぎは粗目のみじん切りにし、耐熱容器に入れてラップをかけ、電子レンジで2分加熱して、**A**を加える。

2 ミニトマトは半分に切る。ほうれん草は食べやすい大きさに切る。豚肉は筋切りの切り込みを入れて塩、こしょうで下味をつけ、小麦粉をまぶす。

3 油を熱したフライパンで豚肉の両面をしっかりと焼く。豚肉を焼いている間に、フライパンの隙間でほうれん草を炒めてお皿に盛る。豚肉も焼けたらフライパンから取り出し、余熱を取って食べやすい大きさに切り、ほうれん草の上にのせる。

4 フライパンの余分な油をキッチンペーパーで拭き取り、ミニトマトと**1**を入れて2分ほど煮詰める。

5 **4**で作ったソースを**3**の上にかける。

\\ **POINT** //

ほうれん草に味付けをしなくても、特製ソースを絡めたお肉と一緒に食べれば、おいしくいただけます。アクが気になる人は、電子レンジで加熱してから炒めてください。

アボカドのビタミンEは
持久力向上にぴったり

きのこのビタミンD×
大豆のカルシウムで強い骨を!

豚しゃぶとアボカドの
青じそレモン

材料（2〜3人分）

豚もも肉（しゃぶしゃぶ用）
　…250g
アボカド…1個
オクラ…5本
ミニトマト…5個
青じそ…10枚
A 「白だし…大さじ1½
　 レモン汁…大さじ1
　 ごま油…大さじ1

作り方

1 フライパンでお湯（分量外）を沸かし、オクラをゆでて3等分に切る。同じ湯で食べやすい大きさに切った豚肉をゆで、ざるにあげて冷ます。

2 アボカドは食べやすい大きさに切る。ミニトマトは半分に切る。青じそは食べやすい大きさにちぎる。

3 ボウルに**A**、**1**、**2**を入れて、全体を混ぜる。できたてで食べるのもよいが、冷やして食べてもおいしい。

豚肉と大豆ときのこの照り煮

材料（2〜3人分）

豚肩ロース厚切り肉…200g
しいたけ…4枚
エリンギ…1パック（2本）
小ねぎ…3〜4本
にんにく…2片
こんにゃく（黒）…1枚（200g）
蒸し大豆…100g
しょうゆ…大さじ1
A 「ぽん酢…大さじ2
　 みりん…大さじ1
　 酒…大さじ1

作り方

1 豚肉は1cm厚さのひと口大に切る。しいたけは半分に、エリンギは縦半分にしてから斜め切り、小ねぎは2〜3cmの長さに切る。にんにくは粗みじん切りにする。こんにゃくは縦半分にしてから2cm幅に切り、熱湯（分量外）をかける。

2 フライパンににんにく、豚肉、こんにゃく、きのこ類、蒸し大豆を入れる。**A**を回しかけてふたをし、弱火で10分火にかける。ふたをとって、しょうゆを入れ、半分ほど汁けを飛ばす。火を止めて、小ねぎを入れて完成。

豚肉とコーンの スパイス炒め

材料（2〜3人分）

豚ひれ肉…300g	小麦粉…適量
小ねぎ…適量	塩、こしょう…各適量
玉ねぎ…½個（100g）	**A** しょうゆ…小さじ1
しめじ…½袋（50g）	みりん…小さじ1
コーン缶…100g	酢…小さじ1
オリーブ油…大さじ1	カレー粉…小さじ½

作り方

1 豚肉は1cm厚さに切り、ラップをかけて、めん棒でたたき、塩、こしょうで下味をつけて小麦粉をまぶす。小ねぎは小口切り、玉ねぎは1cm角に切る。しめじは小分けにする。コーンはざるにあげて汁けをしっかり切る。**A**を合わせておく。

2 オリーブ油を熱したフライパンに**1**の豚肉を広げて約3分焼く。フライパンの隙間でしめじと玉ねぎを炒める。豚肉に火が通ったら、コーンと**A**を入れて全体を炒め合わせる。

3 器に盛り、小ねぎをのせる。

\\ POINT //

フライパンの隙間をうまく使いながら焼けば、ひとつのフライパンですべての食材を焼くことができます。なお、コーンが入ったカレー風味は子どもに大人気。食欲がないときでも、食欲増進が狙えます！

ひれ肉×ねぎのアリシンで
疲労回復・予防に期待！

豚バラに大豆が加わると
たんぱく質が増強！

ポークビーンズ

材料（2〜3人分）

豚バラブロック肉…250g
にんじん…100g
玉ねぎ…½個（100g）
ピーマン…3個
しいたけ…3枚
蒸し大豆…100g
A ┌ トマト水煮（カット）缶
　　…400g
　　トマトケチャップ…大さじ2
　　顆粒コンソメスープの素
　　…大さじ½
　└ ローリエ（お好みで）…1枚

作り方

1 にんじん、玉ねぎ、ピーマン、しいたけはそれぞれ1cm角くらいに切る。豚肉は2cm角くらいに切る。

2 1と大豆、Aをすべてフライパンに入れて、ふたをして中火にかける。沸騰したら弱火にし、10分ほど煮る。ふたをはずして、水分がある程度なくなるまで混ぜながら煮る。お好みでパセリ（分量外）を添える。

たんぱく質・ビタミン・ミネラルが一気に摂れちゃう！

肉巻きチーズ in ほうれん草

材料（2〜3人分）

豚ロース薄切り肉…7枚
ほうれん草…½束
板のり…1枚
スライスチーズ…2枚
片栗粉…適量
サラダ油…適量
白いりごま…適量
塩、こしょう…各適量

A ┌ しょうゆ…大さじ1
│ 酒…大さじ2
│ みりん…大さじ1
│ はちみつ…大さじ1
│ コチュジャン…小さじ1
└ オイスターソース
　　…小さじ1

作り方

1 ほうれん草は切らずにそのままラップに包み電子レンジで1分半加熱する。水洗いし、水けを絞っておく。

2 ラップの上に豚肉を縦に並べて塩、こしょうをふり、その上に板のり、チーズ、**1**のほうれん草をおく。ラップを引き上げながら手前から巻いていき、巻き終わったらラップを外し、軽く押さえて片栗粉を全体にまぶす。

3 フライパンにサラダ油を熱し、**2**を入れる。ふたをして弱めの中火で焼き、途中で転がしながら10分を目安に中まで火を通す。

4 火を止めて、合わせた**A**を加えて煮絡める。食べやすい大きさに切り、最後にいりごまをふる。お好みでベビーリーフ（分量外）を添える。

具材を手で引き寄せ、押さえながら巻くのがコツ。最後まで巻いたら両端をねじってキャンディ状にするとしっかりとくっついて崩れにくいです。

半熟卵の
デミ煮込みバーグ

材料（2〜3人分）

合いびき肉…300g
玉ねぎ…1個（200g）
ブロッコリー…½株（150g）
にんじん…20g
じゃがいも…1個（180g）
ミニトマト…10個
マッシュルーム（水煮）…50g
ピザ用チーズ…適量
卵…2〜3個
サラダ油…大さじ2

塩…小さじ⅓
A｜パン粉…大さじ4
　｜牛乳…大さじ4
　｜卵…1個
　｜こしょう…適量
B｜デミグラスソース缶…1缶（290〜300g）
　｜水…200㎖
　｜顆粒コンソメスープの素…小さじ1
　｜みそ…小さじ1
　｜トマトケチャップ…大さじ2

1日に必要な野菜量の
半分以上が摂れるご褒美グルメ

作り方

1 玉ねぎの100g分はみじん切りにして、ラップに包んで電子レンジで1分半加熱し冷ます。

2 残りの玉ねぎ（100g）は薄切り、ブロッコリーは小分け、にんじんは2cm長さで5mm幅の短冊切りにする。じゃがいもはラップに包みレンジで5分加熱し、皮をむいて食べやすい大きさに切る。

3 半熟卵を作るために、鍋に卵と浸るくらいの水（分量外）を入れて中火にかける。沸騰したらふたをして弱火で約5分ゆでる。氷水に入れ、丸い部分にヒビを入れてからゆっくり殻をむく。

4 ボウルにひき肉と**1**の玉ねぎ、塩を入れてもみ込み、**A**を加えてよくこね、肉ダネを作る。人数に合わせて2〜3等分にし、丸める。

5 フライパンに油を熱し、**4**を中火で片面3分ずつ、こんがり焼き色がつくまで焼く。フライパンの真ん中をあけて**2**と**B**を入れ、ふたをして弱めの中火で10分ほど煮込む。途中でミニトマトとマッシュルームを加える。火を止めてチーズをハンバーグの上にのせたら、余熱でとろけるまで放置する。

6 器に**5**の野菜とソースを盛り、ハンバーグ、**3**の半熟卵の順にのせてピックなどで留める。お好みでパセリ（分量外）をかける。

抗酸化作用の高いチンゲン菜と
にんじんで免疫力UP

海鮮と豆腐のうま塩あんかけ

材料（2〜3人分）

シーフードミックス
（えび、いか、あさり）…200g
にんじん…50g
チンゲン菜…2株
しめじ…1袋（100g）
もめん豆腐…150g
ごま油…適量
こしょう…適量
A ┌ 水…200㎖
　　│ 鶏がらスープの素…小さじ2
　　│ オイスターソース…小さじ1
　　│ 酒…大さじ2
　　└ 片栗粉…大さじ1

作り方

1 にんじんは薄めの短冊切り、チンゲン菜は茎と葉を分けて食べやすく切る。しめじは小分け、豆腐は1.5cm幅に切る。**A**は合わせておく。シーフードミックスは解凍しておく。

2 フライパンにごま油を熱し、にんじん、しめじを炒め、シーフードミックスも加えて炒める。チンゲン菜の茎を入れ、火が通ったら葉も加える。豆腐と**A**を入れ、全体にとろみがつくまで混ぜる。最後にこしょうで味を調えて完成。

\\\ POINT ///

豚肉を加えたり、しめじの代わりにまいたけやしいたけ、エリンギを入れたりしてもOKです。

鮭と豆腐のナゲット

材料（2〜3人分）

生鮭…2切れ（150g）
もめん豆腐…150g
青じそ…10〜12枚
板のり…1枚
ごま油…小さじ1
A┌ 卵…1個
　│ 白いりごま…大さじ1
　│ 片栗粉…大さじ1
　│ 酒…大さじ½
　└ 塩…小さじ⅓

作り方

1 生鮭は皮と小骨を除いて、包丁である程度細かくなるまでたたく。

2 豆腐はキッチンペーパーで包んで軽く水けを切り、青じそのうち半量はざく切りにする。のりは大きめにちぎる。

3 ボウルに**1**、**2**、**A**を入れてよく混ぜる。

4 **3**を丸めて軽くつぶしてから、8等分にする。ごま油を熱したフライパンで片面3〜4分ずつ焼き、火を通す。残りの青じそを縦半分に切って添えながら盛る。

鮭の赤色成分アスタキサンチンは
疲労を予防＆回復！

さば缶と卵と
ほうれん草の
オイスター炒め

材料（2〜3人分）

さば水煮缶…160g
ほうれん草…1束
長ねぎ…½本
卵…2個
牛乳…大さじ1
サラダ油…適量
白いりごま…適量

A ┌ オイスターソース…大さじ1
　　│ 酒…大さじ1
　　│ 砂糖…小さじ1
　　│ しょうゆ…小さじ½
　　└ 片栗粉…小さじ½

作り方

1 ほうれん草は食べやすい大きさに切って耐熱容器に入れ、ラップをかけて電子レンジで3分加熱したあと水でよく洗う。水けをしっかり絞りお皿に盛る。

2 ねぎは斜め薄切りにする。さば缶は身と汁を分け、汁と**A**を合わせておく。

3 ボウルに卵を割り牛乳を入れて混ぜ、油を熱したフライパンで半熟状に仕上げたあと一度取り出す。

4 **3**のフライパンでねぎを炒め、さばの身を入れる。**2**のたれを加えてとろみがついたら卵をもどす。ざっくり混ぜて**1**にのせる。最後にいりごまをふる。

鉄分豊富＆骨づくりに役立つ、
家族喜ぶ健康おかず

ちょっぴり意識して！
栄養素の正しい知識

5大栄養素を、バランスよくすべて摂るのが大切です！

人体のおよそ37兆個の細胞は食べ物でできています。未来のカラダは食事で作られるわけで、運動する子どもたちには「栄養フルコース型」の食事が理想です。

細かい計算をせずとも、主食・主菜・副菜・乳製品・果物の5つをそろえた食事をすれば、おのずとバランスよく栄養が摂れます。まずは、主食や主菜に比べて忘れがちな副菜を多めに摂ることから始めてみましょう。

炭水化物（糖質）

主食
ごはん、パン、麺類、イモ類

糖質は体を動かすエネルギー源で脳の動きにも重要。

↓

エネルギーをつくる
（カラダを動かす）

たんぱく質・脂質

主菜
肉、魚、卵、大豆、大豆食品

たんぱく質は筋肉、骨、皮膚、髪、爪の原料になる。

↓

カラダをつくる
（カラダの元になる）

食事にちょい足ししやすい！　カラダづくりに便利な食材

〈大豆製品〉
・納豆
・豆腐
・蒸し大豆
・高野豆腐

〈卵〉
・温泉卵
・ゆで卵

〈魚・海産物系〉
・魚肉ソーセージ
・かまぼこ等の練りもの
・ツナ缶
・あさり缶
・海苔（味付け海苔）
・削りがつお
・塩昆布
・ひじき
・小えび（桜えび）

〈野菜系〉
・切り干し大根などの乾物野菜
・コーン缶
・冷凍枝豆などの冷凍野菜

〈ごま・ナッツ系〉
・ごま
・ミックスナッツ
・ピーナッツバター

乾物は生の状態より鉄分やカルシウムなどの栄養価も上がり、日持ちして使いやすい食材です。缶詰やスーパーで買える冷凍野菜も便利ですね。かまぼこや魚肉ソーセージは補食にもなる万能食材！　偏りなく栄養を摂るために、常備して上手に活用しましょう。

強靭なカラダは毎日の食事から！ここで栄養の基礎を少し覚えておきましょう。
「炭水化物・たんぱく質・脂質・ビタミン・ミネラル」をバランスよく摂るために、
5つのメニューを意識してそろえることがポイントです。
常備すると便利な食材や補食もご紹介！栄養満点なメニューが簡単に作れます。

ビタミン・ミネラル

副菜
野菜、きのこ、海藻

エネルギー代謝や自律神経などにかかわる重要な栄養素が摂れる。

たんぱく質・ミネラル

牛乳乳製品

たんぱく質のほか、カルシウムも補給。

糖質・ビタミン

果物

ビタミンCや果糖を摂取でき、エネルギー補給にも役立つ。

コンディションを整える
（カラダの機能を維持する）

子どもが自分で食べられる！
"補食"を用意しておいて

強いカラダをつくるため、3食にプラスして摂る食事が補食です。不足しがちな栄養の補給、練習前のエネルギー補給、練習後のリカバリーなど、目的に合わせて用意しましょう。

【こんなものがおすすめ！】
◎炭水化物（糖質）が必要なら
　→おにぎり、焼きいも、カステラ、団子、パン
◎たんぱく質が必要なら
　→牛乳、ヨーグルト、枝豆、ウインナー、焼き鳥
◎ビタミン・ミネラルが必要なら
　→バナナ、キウイ、野菜ジュース

2章

具材を入れて
煮込むだけ！

主役級の
パワースープ

スープ一杯にたくさんの栄養素を詰め込んだ、
具だくさんの"食べるスープ"です。
肉や魚とたっぷり野菜をお鍋に入れて煮込むだけなので、
手間をかけずにボリュームのある一品を簡単に作れます！
一杯でお腹いっぱいになれるから、
学校以外にも部活や塾、習い事に忙しいお子さんにぴったり。

ビタミンCたっぷり！
抗酸化力の高いヘルシースープ

ささみとキャベツのトマトスープ

材料（2〜3人分）

鶏ささみ…3〜4本（200g）
片栗粉…大さじ½
キャベツ…150g
パプリカ…½個
ミニトマト…10個
オリーブ油…適量
黒こしょう…適量

A ┌ 水…300㎖
　│ 顆粒コンソメスープの素
　│ 　…小さじ½
　└ 塩…小さじ½

作り方

1 ささみは筋を取って斜めそぎ切りにし、片栗粉をまぶす。キャベツは食べやすい大きさの乱切り、パプリカは小さめの乱切りにする。

2 鍋に1とA、ミニトマトを入れてふたをし、中火にかける。沸騰したら弱火にして5分ほど煮る。最後にオリーブ油、黒こしょうをかける。

ビタミンA・C・Eで
疲労をしっかり回復

鶏とかぼちゃのミルクスープ

材料(2～3人分)

鶏もも肉…250g
ブロッコリー…½株(150g)
しめじ…½袋(50g)
にんじん…30g
玉ねぎ…¼個(50g)
かぼちゃ…150g
牛乳…200㎖
小麦粉…適量
塩、こしょう…各適量
A 水…200㎖
　 オリーブ油…小さじ1
　 顆粒コンソメスープの素
　 　…小さじ⅓
　 にんにくチューブ…1㎝
　 カレー粉…小さじ1½

作り方

1 鶏肉はひと口大に切り、塩、こしょうで下味をつけて小麦粉をまぶす。

2 ブロッコリーとしめじは小分けにする。にんじん、玉ねぎ、かぼちゃは2㎝角に切る。

3 鍋にかぼちゃ、玉ねぎ、しめじ、にんじん、**A**を入れて強火にかける。**1**の鶏肉を加え、沸騰したら弱火にして7～8分煮る。

4 ブロッコリーと牛乳を加え、約5分煮て全体に火を通す。塩、こしょうで味を調える。

\\ POINT //

カレー味で食欲増進を狙った一品。甘いかぼちゃと牛乳でマイルドな仕上がりになっているので、小さなお子さんでも食べやすく、お腹がしっかり満たされる栄養満点のスープです。

鶏むね肉とたっぷり野菜のポトフ

淡白なむね肉+ウインナーで
コクも満足感もUP!

材料(2〜3人分)

鶏むね肉…300g
ウインナー…4本
キャベツ…150g
にんじん…60g
玉ねぎ…½個(100g)
しめじ…½袋(50g)
ミニトマト…6個
にんにく…1片

オリーブ油…大さじ1
粒マスタード…適宜
黒こしょう…適量
塩…適量
A ┌ 砂糖…小さじ1
　　│ 塩…小さじ½
　　└ 酒…大さじ1
B ┌ 水…400㎖
　　└ 顆粒コンソメスープの素…小さじ1

作り方

1 鶏肉は縦半分にしてから繊維を断つように斜めに4等分に切る。ポリ袋に入れて**A**を加えてもみ込み、約15分おく。

2 キャベツは2〜3cm幅のざく切り、にんじんは斜め薄切り、玉ねぎは薄切り、にんにくはみじん切りにする。しめじは小分けする。ウインナーは3〜4等分に切る。

3 鍋ににんにくとオリーブ油を入れて火にかけ、2を炒める。途中で塩をひとつまみ入れて3分ほど炒める。

4 野菜がしんなりしたら、**B**を入れて中火にする。沸騰したら鶏肉を重ならないように並べ入れ、ふたをして5〜6分弱火で煮る。

5 ミニトマトを加えてサッと火が通ったら器に盛る。お好みで粒マスタードを添え、黒こしょうをふる。

POINT

4のときは上の写真のように、野菜の上に鶏肉同士が重ならないように入れましょう。なるべく優しく入れるのがポイントです。

あさりのうまみが決め手！
さっぱりいただける一品

鶏とあさりのにんにくスープ

材料（2〜3人分）

鶏もも肉…200g
あさり水煮缶…1缶（100〜130g）
パプリカ…¼個
玉ねぎ…¼個（50g）
水菜…½株
にんにく…1片
オリーブ油…大さじ1
水…300mℓ
すりごま…適量
塩、こしょう…各適量

作り方

1 鶏肉はひと口大に切り、塩、こしょうで下味をつける。パプリカと玉ねぎは5mm角に切り、にんにくはみじん切りにする。水菜は3cm幅に切る。

2 鍋にオリーブ油、にんにく、鶏肉、パプリカ、玉ねぎを入れ、中火で炒める。8割ほど火が通ったら水を加えて5分ほど煮る。

3 あさりの水煮を汁ごと入れ、水菜（一部残しておく）を加えてひと煮立ちしたら塩、こしょうで味を調える。

4 器に盛り、**3**で残しておいた水菜をのせてすりごまをかける。

\\\ POINT ///
あさり缶に豊富に含まれる鉄分は非ヘム鉄なので、水菜やパプリカのビタミンCと合わせると吸収がアップします。カラダづくりに最適なスープです。

食べごたえのある食材が
たっぷりのパワースープ！

豚ひれ肉とブロッコリーの スペシャルスープ

材料（2〜3人分）

豚ひれ肉…250g
冷凍むき枝豆…100g
ブロッコリー…½株（150g）
しめじ…½袋（50g）
長ねぎ…½本
トマト…1個
オリーブ油…大さじ1
塩、こしょう…各適量
A ┌ 水…300㎖
　│ 顆粒コンソメスープの素
　└ …小さじ1

作り方

1 枝豆は解凍する。ブロッコリーとしめじは小分けにして、ねぎは斜め薄切り、トマトは8等分にくし切りにする。

2 豚肉は1cm幅に切り、塩、こしょうを多めにふり下味をつける。

3 鍋にオリーブ油を熱し、中火で豚肉を焼く。ブロッコリー、しめじ、ねぎも加えて炒める。

4 Aを入れて10分ほど煮て火を通す。トマト、枝豆を加えてひと煮立ちしたら、塩で味を調える。

\\ POINT //

ビタミンB₁を多く含む豚ひれ肉と枝豆にアリシン豊富なねぎを合わせると吸収力がアップ。ビタミンB₁とブロッコリーに含まれるビタミンCは、疲労回復や持久力に役立ちます。

抗酸化力の高いアボカドと
キムチは味の相性も抜群

アボカド
豚キムチスープ

材料（2〜3人分）

豚もも薄切り肉…150g
にら…½束
にんじん…30g
玉ねぎ…¼個（50g）
アボカド…1個
白菜キムチ…100g
ごま油…大さじ1
A ┌ 水…500㎖
　　│ しょうゆ…大さじ1
　　└ 鶏がらスープの素…小さじ2

作り方

1 にらは3㎝長さに切り、にんじんは薄めの短冊切りにする。玉ねぎは薄切りにする。アボカドは食べやすい大きさに切る。

2 ごま油を熱した鍋で、にんじん、玉ねぎを炒める。さっと火が通ったら豚肉、キムチも炒めて**A**を入れて煮る。

3 野菜に火が通ったらにらとアボカドを加え、ひと煮立ちさせて完成。お好みでチーズ（分量外）をプラスしても◎。

はんぺん・鶏ひき肉は
胃腸にやさしく高たんぱくで低脂肪

はんぺん鶏団子の塩麹スープ

材料（2～3人分）

鶏ひき肉（むね肉やもも肉でも可）…150g	**A**	塩麹…小さじ2
はんぺん…1枚（110g）		しょうがチューブ…2cm
しいたけ…2枚（30g）		片栗粉…小さじ1
長ねぎ…½本（50g）		すりごま…大さじ1
にんじん…50g	**B**	水…500ml
塩麹…大さじ1		鶏がらスープの素…小さじ1

作り方

1 はんぺんは袋の上からよく手でもみ込んでつぶし、ボウルに入れる。鶏ひき肉と**A**を入れてよく混ぜる。

しいたけとねぎは薄切り、にんじんはせん切りにする。

鍋に**B**と　を入れて火にかける。沸騰したら　をひと口大に丸めて肉団子にして入れる。塩麹を加えて3分ほど煮て火を通す。

48

鮭ときくらげは骨づくりに役立つビタミンDの宝庫!

鮭と小松菜のかきたまスープ

材料 (2〜3人分)

生鮭…2切れ (150g)
玉ねぎ…¼個 (50g)
小松菜…½束
にんにく…1片
乾燥きくらげ…2個
卵…1個
A ┌ 水…300㎖
　　│ オイスターソース…大さじ1
　　└ 鶏がらスープの素…小さじ1
B ┌ 片栗粉…大さじ1
　　└ 水…大さじ1

作り方

1 耐熱容器にきくらげとひたひたになるくらいの水 (分量外) を入れ、電子レンジで2分加熱する (ラップは不要)。もどしたら2〜3等分に切る。

2 玉ねぎとにんにくは薄切り、小松菜は3〜4cm幅に切る。鮭は3等分に切る。卵はボウルに割って溶きほぐす。

3 鍋に、玉ねぎ、にんにく、きくらげ、小松菜、鮭の順に入れ、**A**を加えて中火にかける。鮭に火が通ったら、**B**を混ぜて水溶き片栗粉を作り、回しかけてとろみをつける。最後に溶き卵を入れ、半熟になったら完成。

栄養満点ミネストローネ

材料（2〜3人分）

鶏もも肉…200g
かぼちゃ…150g
にんじん…50g
玉ねぎ…½個（100g）
キャベツ…100g
しめじ…½袋（50g）
オリーブ油…大さじ½
蒸し大豆…100g

スライスチーズ…3枚
塩、こしょう…各適量
黒こしょう…適量
A ┌ トマト水煮（カット）缶
　　│ …1缶
　　│ トマトケチャップ
　　│ …大さじ2
　　└ 水…250㎖

作り方

1 鶏肉は小さめに切り、塩、こしょう少々をまぶす。

2 かぼちゃは2㎝角、にんじんと玉ねぎは1㎝角に切る。キャベツは小さめのざく切りにし、しめじは小分けにする。

3 鍋にオリーブ油を熱し、玉ねぎ、にんじん、しめじ、かぼちゃを炒め、塩小さじ1（分量外）を入れる。

4 鶏肉、キャベツ、蒸し大豆と**A**を加える。沸騰したらふたをして弱めの中火で10分ほど煮込み、塩とこしょうで味を調える。

5 器に盛り、スライスチーズをちぎって入れて黒こしょうをかける。

成長期のカラダづくりに大切な
栄養がこの一杯で摂れる！

\\ POINT \\

動物性たんぱくと植物性たんぱくを同時に摂取できる理想的なスープ。カルシウム・鉄・食物繊維・ビタミン類も一気にとれます。

冷蔵庫にストック！
栄養バランスをパッと整えられる

\\\ お手軽にたんぱく質をプラス ///
ささみ蒸し鶏&豚しゃぶ

ささみは切り開き、酒と塩、こしょうを少々ふってレンジで加熱。粗熱をとったら、ほぐし、しっとり感をキープするために汁ごと保存を。豚しゃぶは味付けせず、さっとゆでて保存容器に入れるだけ。おかずやサンドイッチなどにプラスすれば、たんぱく質不足を補えます。朝ごはんやお弁当などにも。

こんな風に
アレンジ！

サラダに入れれば、一気に豪華な料理に。食べごたえもアップするので、お腹を空かせた育ち盛りの子どもも喜んでくれるはず。

\\\ フリーズすると味もしみやすく！ ///
冷凍の野菜やきのこミックス

キャベツの外側の固い葉や中途半端に残った野菜は、スープ・みそ汁用に冷凍保存しておくと便利です。パセリはカルシウムや鉄分、ビタミンが豊富でちょい足ししやすい食材。生のものを買って冷凍保存しておくのがおすすめです。意外と摂り忘れるきのこは、数種類を切って混ぜ "きのこミックス"を作っておくと使いやすい！

こんな風に
アレンジ！

鍋にだし汁と冷凍野菜やきのこなどの具を入れ、沸いたらみそを加えて。すぐできて、ボリュームのある一品に。

"下ごしらえ技"

下ごしらえした栄養満点な食材をストックしておけば、少しアレンジするだけでカラダによい料理が完成！どれも冷蔵庫で3日ほど保存可能。その期間で食べ切れる量を作っておきましょう。

そのまま食べても、料理に使っても！
レンチンベジタブル

ブロッコリー、ほうれん草、小松菜などの緑黄色野菜を電子レンジで加熱。保存容器に入れて冷蔵庫へ。味付けしないことで、あえものやスープなどのメニューに活用が可能。葉野菜は、洗って切らずにラップで巻いて加熱し、粗熱をとってそのまま冷蔵庫に入れても◎。

こんな風にアレンジ！

ほうれん草に細く刻んだにんじんをプラス。しょうゆとみりん、顆粒和風だし、すりごまを入れて混ぜてお浸しに。5分以内で1品完成！

料理の付け合わせにも重宝
自家製サラダミックス

ジップ付き保存袋に水菜やスプラウト、にんじん、パプリカなどの生野菜を切って入れるだけ。食べる際にはトマト、ブロッコリー、コーン、ツナなどをプラスし、お好みのドレッシングでどうぞ。現代人の生活では、野菜がどうしても不足しがち。一人暮らしする息子にもこのサラダミックスを作るように伝えています。

あえて味付けしないのが◎
ゆで卵

たんぱく質を補給できてさまざまなメニューに展開できるゆで卵。料理に使うだけでなく、そのまま食べても◎。子どもがお腹を空かせたときの補食として活躍します。時間のあるときにまとめて作って保存しておいて。殻付きでも、むき身でも自分が使いやすい状態でOK。

こんな風にアレンジ！

サラダチキンと一緒に、自家製サラダミックスとゆで卵、マヨネーズをパンで挟んでサンドイッチに！ お弁当にもGOOD。

3章

バランス完璧！

食べごたえ抜群の
野菜系おかず

野菜が苦手なお子さんでもおいしく食べやすいレシピが勢ぞろい！
ほとんどが食材を一緒に炒めるだけや混ぜるだけの
簡単なレシピばかりなので、
時間のないときにもさっと作れるお料理です。
彩りもきれいなおかずは食欲をそそるので、
食の細いお子さんにもぴったりです。

ブロッコリーと
マカロニの和風サラダ

材料 (2〜3人分)

ツナ水煮缶…1缶 (70g)
ブロッコリー…1株 (300g)
卵…2個
マカロニ…40g
塩…ひとつまみ
A ┌ マヨネーズ…大さじ2
 │ オリーブ油…大さじ1
 │ しょうゆ…小さじ1
 │ 削りがつお…1袋 (2.5g)
 └ すりごま…大さじ2

\\ POINT //

マカロニの代わりに、ペンネ
やフジッリを使ってもOK！

作り方

1 湯 (分量外) を沸かした鍋に卵を入れて、12分ゆでる。ゆで卵とマカロニの完成時間が同じになるように、同じ鍋でマカロニも記載通りの時間ゆでる。時間になったらマカロニをざるにあげて湯切りする。ブロッコリーは耐熱容器に入れ、ラップをかけて電子レンジで3分加熱する。

2 **A**と、汁けを軽く切ったツナをよく混ぜ、1のマカロニとブロッコリーを加えて混ぜる。塩をひとつまみ入れて味を調え、4等分にしたゆで卵を入れて軽く混ぜる。お好みでレタス (分量外) を添える。

ツナと卵のWたんぱく質が
とれる和風仕立てのサラダ

砂肝は鉄分豊富！
レバーが苦手な人にもおすすめ

砂肝とブロッコリーのねぎ塩レモン

材料（2〜3人分）

砂肝…200g
ブロッコリー…½株（150g）
長ねぎ…10cm
にんにく…1片
レモン汁…小さじ1
ごま油…適量
塩、こしょう…各適量
A ┌ 鶏がらスープの素
  │   …小さじ½
  └ 酒…大さじ1

作り方

1 砂肝は半分に切り、包丁で切り込みを入れて塩をふる。ブロッコリーは小分けに、ねぎは斜め薄切りにする。にんにくは薄切りにする。

2 フライパンにごま油を熱し、**1**を強めの中火で2分ほど炒める。

3 **2**に**A**を入れてふたをし、弱めの中火で3分蒸し焼きにして火を通す。レモン汁を回しかけ、こしょうをふり、味をみて塩をふる。

\\ **POINT** //

砂肝は包丁で細かく切り込みを入れてから炒めると火の通りがよくなります。砂肝は低脂肪で高たんぱく、鉄分も豊富なのでアスリートの絶大な味方です。

エリンギとブロッコリーの ペペロン炒め

材料（2〜3人分）

ベーコン（ハーフ）…4枚
エリンギ…1パック（100g）
ブロッコリー…1株（300g）
にんにく…1片
オリーブ油…大さじ1
輪切り唐辛子…適量
A 鶏がらスープの素
　…小さじ1
　酒…大さじ1

作り方

1 ブロッコリーは小分けにする。エリンギは縦半分にしてから斜め切り、にんにくは薄切りにする。ベーコンは3mm幅に切る。

2 フライパンにオリーブ油を熱し、**1**を入れて2分ほど炒める。

3 **A**と唐辛子を入れてふたをし、1分蒸し焼きにする。

\\\\ POINT ////
エリンギはビタミンB₂と食物繊維が豊富です。また、ブロッコリーは炒めてもビタミンCの含有量がほとんど変わらない食材です。

ペペロンチーノ風味で
大人のおつまみにもぴったり！

ほうれん草と卵で
鉄分補給＆野菜もモリモリ食べよう！

ほうれん草と半熟卵の マスタードサラダ

材料（2〜3人分）

ブロックベーコン…60g
ほうれん草…1束
にんじん…30g
しめじ…1/2袋（50g）
卵…2個

A ┌ マヨネーズ…大さじ2弱
 │ 粒マスタード…大さじ1
 │ 砂糖…小さじ1/2
 │ しょうゆ…小さじ1/2
 └ にんにくチューブ…1cm

\\\\ POINT ////

ベーコンを電子レンジで加熱するときは、
ベーコン同士が重ならないように並べる
のがポイントです。

作り方

1 鍋に湯（分量外）を沸かして卵をお玉にのせてそっと入れ、ふたをして弱めの中火で8分ゆでる。氷水に入れて冷やし、卵のおしり部分にヒビを入れてから殻をむく。

2 ほうれん草は3〜4cm幅に切る。にんじんはせん切り、しめじは小分けにする。それらを耐熱容器に入れてラップをし、電子レンジで3分半加熱する。水で洗って水けをよく切る。

3 耐熱皿にキッチンペーパーを2枚重ねて敷き、その上に1cm幅に切ったベーコンを並べる。その上からキッチンペーパー1枚をのせ、電子レンジで3分半加熱する。

4 ボウルに**A**を入れてよく混ぜ、**2**、**3**を加えて全体を混ぜる。最後に3等分にした半熟卵を入れて軽く混ぜる。お好みでレタス（分量外）を添える。

さばの臭みを感じず野菜も
ペロッと食べられるマリネ

ほうれん草と
にんじんのさばマリネ

材料 (2〜3人分)

さば水煮缶…1缶 (160g)
ほうれん草…1束
にんじん…30g
A ┌ マヨネーズ…大さじ1
　　│ しょうゆ…小さじ1
　　│ 酢…小さじ1
　　│ 砂糖…小さじ1
　　└ すりごま…大さじ1

作り方

1 ほうれん草は3〜4cm幅に切り、にんじんは細切りにする。耐熱容器に入れてラップをかけ、電子レンジで3分加熱する。よく洗い、しっかりと水けを絞る。

2 さばは身と汁を分ける。汁のほうに**A**を加え、身を入れて混ぜる。**1**を入れて全体をざっくりと混ぜる。

とろとろ温泉卵のポテトサラダ

卵×枝豆でたんぱく質をプラス！
とろとろ温泉卵は見た目も◎

材料（2〜3人分）

ベーコン（ハーフ）…4枚
じゃがいも…2個（350g）
にんじん…30g
玉ねぎ…40g
冷凍むき枝豆…50g
卵…2個
砂糖…ひとつまみ
顆粒コンソメスープの素…小さじ⅓
マヨネーズ…大さじ3
塩、こしょう…各適量

作り方

1 じゃがいもは皮をむき、ひと口大に切る。にんじんはいちょう切り、玉ねぎは薄切りにする。ベーコンは2cm幅に切り、枝豆は解凍する。

2 鍋にじゃがいもを入れ、かぶるくらいの水（分量外）を加えて10分ほど火にかける。途中でにんじんを入れて火を通す。

3 **2**とは別の鍋に湯（分量外）を沸かし、沸騰したら火を止めて、卵をお玉などにのせてそっと入れる。ふたをせず11分30秒おいたらすぐ氷水に入れて冷やすと、温泉卵の完成。

4 **2**がゆで上がったらざるなどでお湯を切り、熱いうちにベーコン、コンソメ、砂糖を入れてざっくり混ぜる。

5 粗熱がとれたら、玉ねぎと枝豆、マヨネーズを入れて混ぜ、塩、こしょうで味を調える。

6 お好みでレタスやパセリ（ともに分量外）を添えて盛り、最後に**3**の温泉卵をのせる。

チーズが絡んだ野菜と豆腐は
子どもウケ間違いなし

じゃがいもとお豆腐のチーズ焼き

材料（2〜3人分）

じゃがいも…2個（300g）
ほうれん草…¼束（50g）
コーン缶…50g
もめん豆腐…150g
ピザ用チーズ…30g
マヨネーズ…大さじ3
塩、こしょう…各適量

\\ POINT //

じゃがいもとコーンで糖質もしっかり確保。<u>筋肉をつくるためにも糖質は重要</u>です。お米があまり食べられないお子さんにもおすすめ。

作り方

1 じゃがいもはラップに包み電子レンジで4〜5分加熱し火を通す。皮をむき2cm角に切る。

2 ほうれん草も同様にラップに包み電子レンジで50秒加熱する。水で洗って2cm幅に切り、水けを切る。

3 豆腐はキッチンペーパーで軽く水けを切り、マッシャーなどでつぶしてマヨネーズ、塩、こしょうを入れてよく混ぜる。

4 1、2、3と汁を切ったコーンを混ぜ合わせてグラタン皿に入れる。チーズをかけてトースターでこんがり焼き色がつくまで焼く。

カルシウム豊富な小魚と
お豆で骨づくりに役立つ

さつまいもとお豆の甘辛じゃこ

材料（2〜3人分）

さつまいも…1本（280g）
蒸し大豆…100g
ちりめんじゃこ…30g
白いりごま…大さじ2
サラダ油…適量
A ┌ しょうゆ…大さじ2½
　├ 酒…大さじ2
　├ 砂糖…大さじ2
　├ みりん…大さじ1
　└ はちみつ…大さじ1

作り方

1 さつまいもは1.5cm角に切り、さっと水にさらす。

2 フライパンにサラダ油を熱し、**1**を1分ほど炒める。

3 大豆、ちりめんじゃこ、**A**を入れてふたをし、弱火で5分ほど煮てさつまいもに火を通す。ふたを外し、いりごまを入れ、全体を混ぜる。

\\ POINT //

小魚や種実類・豆は意識しないと食卓に上がらない食材ですが、食物繊維もカルシウムも豊富なので、積極的に摂りましょう。

抗酸化食品集結！　さっぱり味で
どんな主菜にも合う

オクラとなすとトマトの簡単煮浸し

材料（2〜3人分）

なす…1本（80g）
オクラ…5本
トマト…1個
削りがつお…1袋（2.5g）
A　水…100㎖
　　　めんつゆ（3倍濃縮）…大さじ2
　　　酢…大さじ1
　　　ごま油…大さじ½

作り方

1　なすは縦半分にしてから1.5㎝幅に斜め
切り、オクラは塩をふり板ずりしてガク
を外す。なすとオクラを耐熱容器に入れ、
ラップをかけて電子レンジで4分加熱し
火を通す。

2　1に**A**を入れ、8等分のくし形切りにし
たトマトを隙間に入れる。削りがつおを
かけて、粗熱がとれたら冷蔵庫で冷やす。

大豆・野菜・きのこが
同時に摂れてボリューム満点

豆腐チャンプルー

材料(2〜3人分)

にら…½束
にんじん…30g
しめじ…½袋(50g)
もめん豆腐…300g
卵…1個
削りがつお…1袋(2.5g)
ごま油…適量
A 酒…大さじ1
鶏がらスープの素…小さじ2

作り方

1 豆腐をキッチンペーパー2枚で包み、耐熱容器に入れて電子レンジで3分半加熱し水切りする。粗熱がとれたら、縦半分にして1cm幅に切る。

2 にらは3cm幅に切り、にんじんは薄い短冊切りにする。しめじは小分けにする。

3 卵をボウルに割り、削りがつおと合わせてほぐす。

4 フライパンにごま油を熱し、フライパンの半分の面で豆腐を焼き、残りの半分の面でにんじんとしめじを焼く。

5 火が通ったらにらを入れてさっと炒め、Aを回しかける。3を入れて全体をざっくり混ぜ合わせる。

高野豆腐とほうれん草のグラタン

材料（2〜3人分）

ウインナー…3本
ほうれん草…½束
しめじ…½袋（50g）
高野豆腐…2枚
マヨネーズ…大さじ1
ピザ用チーズ…適量
塩、こしょう…各適量

A「水…200㎖
　└鶏がらスープの素…小さじ1
B「牛乳…300㎖
　│小麦粉…大さじ1
　│顆粒コンソメスープの素
　└　…小さじ1

作り方

1 耐熱皿に**A**と高野豆腐を並べて入れ、ラップをして電子レンジで2分加熱する。粗熱がとれたら軽く絞り、縦半分に切ってから横4等分に切る。

2 ほうれん草はラップに包み、レンジで1分10秒加熱し、水で洗って食べやすい大きさに切る。

3 しめじは小分けにして、ウインナーは斜め3等分に切る。

4 フライパンにマヨネーズ、しめじ、ウインナー、**1**の高野豆腐を入れて炒める。火が通ったらほうれん草も加えて炒める。

5 よく混ぜておいた**B**を加え、中火にしてヘラなどでゆっくりと混ぜる。とろみがついたら塩、こしょうで味を調える。

6 グラタン皿に入れてピザ用チーズをのせ、トースターでこんがりと焦げ目がつくまで焼く。

\\ POINT //

Bをよく混ぜて一気に加えることで、手間なし・失敗なしでホワイトソースがつくれます。ウインナーとマヨネーズでコクのあるおいしさが出るので、高野豆腐が苦手なお子さんにもおすすめです。

栄養抜群の高野豆腐を
洋風テイストでおいしく食べよう！

厚揚げとピーマンのふわ卵炒め

材料 (2～3人分)

ピーマン…2個
トマト…1個
乾燥きくらげ…5g
卵…2個
厚揚げ…小2枚 (200g)
ごま油…適量
A ┌ しょうゆ…大さじ1
 │ 酒…大さじ1
 │ みりん…大さじ1
 │ 砂糖…小さじ1
 └ コチュジャン…小さじ1

作り方

1 きくらげは耐熱容器に入れ、浸るくらいの水 (分量外) を入れて電子レンジで2分加熱する。

2 厚揚げは6等分になるように切る。ピーマンは乱切り、トマトは8等分のくし形切りにする。卵は割りほぐす。

3 フライパンにごま油を熱し、卵を半熟状に炒めていったん取り出す。

4 ごま油を少量足したフライパンで、厚揚げとピーマンをよく炒め、トマト、きくらげを加えて炒める。合わせた**A**を入れて炒め、**3**をもどしてざっくりと混ぜる。

厚揚げのカルシウム＆
鉄の吸収を高める組み合わせ!

はんぺん＆ツナで手軽に
魚をとろう！ 彩りも栄養価も◎

はんぺんツナひじきコロッケ

材料（2〜3人分）

はんぺん…1枚
ツナ水煮缶…½缶（35g）
しいたけ…2枚
にんじん…15g
ひじき（パウチ）…12g
（乾燥ひじき使用なら2g）
冷凍むき枝豆…30g
サラダ油…適量
A ┌ マヨネーズ…大さじ1
　　├ 片栗粉…大さじ1
　　└ 塩…ひとつまみ

作り方

1 しいたけ、にんじんは粗みじん切りにする。枝豆は解凍する。

2 ボウルに**1**、はんぺん、ひじき、ツナ、枝豆、**A**を入れて、はんぺんをつぶすようによく混ぜる。6等分になるように分け、丸める。

3 フライパンに1cmほど油を入れて熱し、**2**を両面こんがり揚げ焼きにする。お好みでパセリ（分量外）を添えて盛る。

豚しゃぶと野菜の
ごまドレサラダ

風味高い特製ごまドレで
お肉とシャキシャキ野菜がすすむ！

材料（2〜3人分）

豚ロース肉（しゃぶしゃぶ用）…240g
キャベツ…150g
にんじん…50g
ブロッコリースプラウト…1パック
コーン缶…30g
塩…小さじ½
A ┌ マヨネーズ…大さじ2
　　│ すりごま…大さじ2
　　│ 砂糖…小さじ2
　　│ 酢…小さじ1
　　│ みそ…小さじ1
　　│ しょうゆ…小さじ1
　　└ ごま油…大さじ½

作り方

1 キャベツ、にんじんはせん切りにし、塩を
　　ふってもみ込む。

2 鍋に湯（分量外）を沸かし、沸騰前で弱火に
　　して、豚肉を火が通るまでさっとゆでて、ざ
　　るにあげて冷ます。

3 ボウルに**A**を入れてよく混ぜ、ごまドレッ
　　シングを作る。水けをしっかり絞った**1**、**2**、
　　ブロッコリースプラウト、汁を切ったコーン
　　缶を入れて全体をよく混ぜる。

\\\\ **POINT** ////

ごまドレッシングは野菜が苦手な
お子さんにも人気の味付け。野菜
を食べてくれないときの必須アイ
テムです！

作りすぎても安心♪
残ったおかずの展開バリエ

煮浸しをパスタに！

麺をゆでて具を混ぜるだけで、おいしいパスタが完成！

使用したのは「オクラとなすとトマトの簡単煮浸し」(P.66)。残った具に、ちぎった大葉とごま油を混ぜ、ツナとトマトをプラス。ゆでて冷やしたパスタに煮浸しの汁をさっとかけて混ぜ、作った具材をのせれば洒落た冷製パスタ風に。みょうがを加えても◎。味が物足りなかったら、白だしやしょうゆを足してもOKです。

スープに焼き餅を入れて雑煮

ボリュームが出てお腹にたまる♪
洋風スープとお餅の相性◎

残り物の「豚ひれ肉とブロッコリーのスペシャルスープ」(P.45)に、トースターで焼いた餅を入れた一品。洋風スープの場合は、オリーブ油を少しかけて、イタリアン風に仕上げると◎。餅入りにすれば、ごはんを食べなくても糖質を摂取できます。肉＆野菜入りスープなら良質なたんぱく質＆ビタミンもバッチリ摂れます。

ーション！

急な予定変更や作りすぎて「おかずやソースが余った！」というときに便利なリメイクレシピの紹介です。残りものでもアレンジを工夫することで食べ飽きず、さらに栄養満点にいただけます！

シチューやカレーを パングラタンに

あつあつをかじるのが至福！ やけどには気をつけて

バケットを輪切りにし、中央に包丁で切り込みを入れ、指などで押してカップ形に。トースターでこんがり焼いたら、残りもののソースを流し入れ、チーズをかけて再加熱。あつあつおいしいパングラタンに。ソースはホワイトシチュー、カレーなど、なんでもOK！

冷ややっこが一気にごちそうに！ 栄養価もアップできる

残り物のあえ物を細かく刻んで豆腐にのせれば、栄養をプラスした豪華冷ややっこに！ たんぱく質がしっかり摂れて、朝ごはんのおかずにもぴったりな一品です。今回は「蒸しなす中華マリネ」（P.111）を使用しましたが、煮浸しなどで残った汁をたれとして再利用も可。しょうゆやめんつゆなどをかけてもおいしいです。

あえ物で豪華冷ややっこ

ポテサラや炒め物などを 春巻きに♪

スティック状で食べやすい！ 焼くタイプでカロリーも控えめ

市販の春巻きの皮を半分に切り、具材を入れて細く巻き、フライパンで焼いて。具に火が通っているので、油は少なめにし、焼き目をつける程度でOK。チーズを入れても美味。おすすめは「とろとろ温泉卵のポテトサラダ」（P.62）。子どものおやつはもちろん、大人のためのおつまみにも重宝。

4章

週末のお昼にも！

子どもも大人も大満足な
麺&丼

麺ものや丼ものは、一皿で仕上がるので忙しい子育て世代には便利♪
カラダにうれしい具材をたっぷり入れたボリューム満点の一皿なので、
これだけで大人も子どもも大満足できます。
野菜もしっかり摂れるので、
栄養補給したい週末のランチにもぴったり！

抗酸化作用の高い野菜を
カレー風味でおいしく食べよう

トマトとツナの冷製パスタ

材料 (2〜3人分)

ツナ水煮缶…2缶 (140g)
ミニトマト…10個
水菜…40g
コーン缶…60g
ブロッコリースプラウト…1パック
スパゲッティ（1.6mm／7分ゆで）
　…200g
塩、こしょう…各少々
A ┌ オリーブ油…大さじ2
　│ 顆粒コンソメスープの素…小さじ1
　│ カレー粉…小さじ1
　└ にんにくチューブ…2cm

作り方

1 フライパンに水1.5ℓ（分量外）を沸かし、塩小さじ1½（分量外）を入れてスパゲッティを表示時間より1分長めにゆでる。ざるにあげて氷水でしっかりとしめて水切りする。コーン缶は汁をしっかり切る。

2 ミニトマトは半分に切り、水菜は食べやすい大きさに切る。

3 ボウルにAとツナをよく混ぜてから、**1**、**2**、スプラウトを入れて全体を混ぜる。塩、こしょうで味を調える。お好みでレタス（分量外）を添える。

お肉と野菜がゴロゴロ入った
ボリューム満点スープパスタ

鶏肉と彩り野菜のチーズクリームパスタ

材料（2〜3人分）

鶏もも肉…200g
ウインナー…2本
ブロッコリー…½株（150g）
しめじ…50g
玉ねぎ…¼個（50g）
にんじん…30g
にんにく…1片
スパゲッティ（1.6mm／7分ゆで）…200g
ピザ用チーズ…50g
水…250㎖
牛乳…350㎖
顆粒コンソメスープの素…小さじ1
オリーブ油…適量
しょうゆ…小さじ1
塩、こしょう…各適量
黒こしょう…適量

作り方

1 ブロッコリーとしめじは小分けに、玉ねぎとにんにくは薄切りに、にんじんは2mm幅の薄切りに、ウインナーは3等分に切る。鶏肉はひと口大に切り、塩、こしょうで下味をつける。

2 鍋にオリーブ油を熱し、にんにく、鶏肉、ウインナー、玉ねぎ、にんじん、しめじを炒める。鶏肉に火が通ったら、水、牛乳、コンソメ、塩小さじ½（分量外）、スパゲッティを入れて中火にかける。ふつふつしてきたらブロッコリーを加え、ふたをして弱火で8分ゆでる。途中でスパゲッティがくっついてきたらほぐすように混ぜる。

3 スパゲッティがゆで上がったらしょうゆとチーズを加えて混ぜる。

4 器に盛り、黒こしょうをふる。

たらこと小魚で
たんぱく質をプラスした
絶品和風パスタ

しらすとたらこの和風パスタ

材料（2〜3人分）

たらこ…1腹（40g）
しらす干し…60g
大根…100g
青じそ…6枚
スパゲッティ（1.4mm／5分ゆで）
　…200g
塩…小さじ1
A［バター…10g
　めんつゆ（3倍濃縮）…小さじ2

作り方

1 フライパンに水1.5ℓ（分量外）を沸かし、塩小さじ1½（分量外）を入れてスパゲッティを表示通りの時間ゆでる。

2 たらこは皮をとり、大根はおろして水けを切っておく。青じそはみじん切りにし、飾り用にひとつまみ残しておく。

3 ボウルに湯切りしたスパゲッティと**A**を入れてよく混ぜ、たらことしらすとしそを加える。器に盛り、大根おろしをのせる。最後に飾り用のしそを上にのせる。

鉄とカルシウムが摂れる
濃厚ワンパンスパゲッティ

あさりときのこのクリームスパゲッティ

材料 (2〜3人分)

ベーコン (ハーフ)…4枚
あさり水煮缶…1缶 (130g)
玉ねぎ…½個 (100g)
しいたけ…2枚
まいたけ…80g
刻みパセリ…適量
スパゲッティ
　　(1.6mm／7分ゆで)…200g
豆乳…500㎖
顆粒コンソメスープの素…小さじ1
白ワインまたは酒…大さじ1
水…30㎖
オリーブ油…大さじ1
塩、こしょう…各適量

作り方

1 玉ねぎ、しいたけは薄切り、まいたけは小分けにする。ベーコンは食べやすい大きさに切る。

2 フライパンにオリーブ油と**1**を入れて、焼きつけながら炒める。

3 白ワイン (または酒) を回しかけて蒸し焼きにしたら、あさり缶 (汁ごと)、豆乳、スパゲッティ、コンソメを入れて中火にかける。ふつふつとしてきたら弱火にし、8分ゆでる。スパゲッティがゆで上がる前に汁けがなくなったら、水を加える。

4 最後に塩で味を調え、お好みで刻みパセリとこしょうをたっぷりかける。

⟍ POINT ⟋

パスタをソースでダイレクトにゆでる方法で作ります。ワンパンで作れるので洗いものも増えずにうれしい！　豆乳は牛乳に替えたり、豆乳＆牛乳のミックスにしたりしてもOK。なお、水はゆで上がる前に汁けがなくなった場合に入れてください。

キャベツの甘みと削りがつおで
うまみアップ！

豚肉とキャベツの和風パスタ

材料（2〜3人分）

豚切り落とし肉…200g
ちりめんじゃこ…30g
キャベツ…150g
スパゲッティ（1.6mm／7分ゆで）…200g
かいわれ大根…1/2パック
白だし…大さじ1 1/2
削りがつお…1袋（2.5g）
塩、こしょう…適量
オリーブ油…大さじ2

作り方

1 フライパンに水1.5ℓ（分量外）を沸かし、塩小さじ1 1/2（分量外）を入れてスパゲッティを表示通りの時間ゆでる。ゆで汁50mℓはとっておく。

2 キャベツは2cm幅に切り、豚肉が大きければ食べやすいサイズに切る。

3 同じフライパンにオリーブ油を熱し、豚肉を炒めて9割ほど火が通ったら、キャベツを炒めて塩、こしょうをふる。

4 **1**のスパゲッティを**3**に入れてざっくりと混ぜる。フライパンの手前側に空間を作り、スパゲッティのゆで汁と白だしを入れる。沸騰したら全体を手早く混ぜる。かいわれ大根とちりめんじゃこを入れてさらに炒める。最後に削りがつおを上からふりかける。

\\ **POINT** //

フライパンの手前半分を使ってゆで汁とだしを入れれば、食材のうまみがスープに染み込み、パスタもしっとりと仕上がります。

持久力UP＆疲労回復に役立つ
ワンパン時短うどん

豚キャベツ煮込みうどん

材料（2〜3人分）

豚もも肉（しゃぶしゃぶ用）
　…200g
キャベツ…300g
長ねぎ…10㎝
小ねぎ…適量
冷凍うどん…2玉
A［白だし…大さじ4
　　酒…大さじ3
　　みりん…大さじ2

作り方

1 長ねぎは5㎜幅の斜め薄切りにし、キャベツは食べやすい大きさにちぎる。小ねぎは小口切りにする。フライパンにねぎ、冷凍うどん、豚肉を広げてのせる。キャベツの芯はフライパンの隙間におく。

2 上からキャベツの葉の部分と**A**を回しかけてふたをする。

3 中火で6分火にかけ、豚肉に火が通るよう混ぜる。最後に小ねぎを散らす。

\\ POINT //
おすすめの味変方法は、①まずはこのままいただき、②次に一味唐辛子をふりかけ、③最後に黒こしょう＆ごま油をかけるというもの。3度おいしく食べられます。

豆乳担々つけ麺

材料（2〜3人分）

豚ひき肉…200g
長ねぎ…15cm
チンゲン菜…1株
くるみ…30g
半熟卵…2個
中華麺…2玉
板のり…¼枚
すりごま…適量
ラー油…適量
ごま油…小さじ1

A
しょうが…10g
にんにく…1片
豆板醬…小さじ1

B
無調整豆乳…400ml
しょうゆ…大さじ2
酒…大さじ1
鶏がらスープの素…小さじ2弱
砂糖…小さじ1

作り方

1 ねぎはせん切りにして水にさらし、白髪ねぎを作る。ねぎの芯の部分はみじん切りにする。しょうが、にんにくもみじん切りにする。くるみは細かく砕く。

2 大きめの鍋に湯（分量外）を沸かし、中華麺を表示通りの時間にゆでる。チンゲン菜もさっとゆでる。

3 フライパンまたは鍋でごま油を熱し、**A**を炒め、ひき肉を加えて強めの中火でよく炒める。**B**を加えてスープを作り、器に盛る。**2**のチンゲン菜をのせ、くるみ、すりごまをかけ、お好みでラー油を回しかける。

4 **2**の麺がゆで上がったら、氷水にさらしてぬめりを除きながら冷やし、しっかり水けを切って器に盛る。白髪ねぎと食べやすく切った半熟卵、のりを添える。

豆乳入りでクリーミーな
スープはほどよい辛さで
子どもでも食べやすい！

きのこたっぷりおなか大満足！
簡単なのに味は格別

きのこハヤシライス

材料（2〜3人分）

牛赤身肉…200g
しめじ…1袋（100g）
玉ねぎ…1個弱（250g）
まいたけ…1袋（100g）
ピーマン…2個
ごはん…適量
デミグラスソース缶
　…1缶（290〜300g）
トマト水煮（カット）缶…200g
トマトケチャップ…大さじ1〜2
中濃ソース…大さじ1
赤ワイン…100㎖
ローリエ…1枚（お好みで）
バター…10g
塩、こしょう…各適量

作り方

1 玉ねぎは繊維を断つように1cm幅に切る。ピーマンは7〜8㎜幅に切る。しめじとまいたけは小分けにする。

2 フライパンにバターを熱し、中火で牛肉を炒めて塩、こしょうをふる。玉ねぎ、ピーマン、きのこ類を加えてよく炒める。

3 赤ワインを入れて沸騰したら、デミグラスソース、トマト缶、ローリエ、ケチャップ、中濃ソースを加え、ふたをして15分ほど弱火で煮込む。塩、こしょうで味を調える。

4 ごはんを盛り、お好みで刻みパセリ（分量外）をのせ、**3**を添える。

抗酸化力の高いトマトと
たっぷり野菜をドリアで！

トマトキーマカレードリア

材料（2〜3人分）

合いびき肉…300g
かぼちゃ…150g
玉ねぎ…½個（100g）
ピーマン…2個
エリンギ…1本（60g）
卵…2〜3個
ごはん…適量
ピザ用チーズ…適量
にんにく…1片
しょうが…5g
塩、こしょう…各適量
オリーブ油…大さじ1
A ┌ トマト水煮（カット）缶…1缶
　　│ カレー粉…大さじ3
　　│ ウスターソース…大さじ1
　　└ 砂糖…小さじ2

作り方

1 かぼちゃ、玉ねぎ、ピーマン、エリンギは2cm角に切る。にんにく、しょうがはみじん切りにする。

2 フライパンにオリーブ油、にんにく、しょうがを入れて火にかけ、香りが立ったら玉ねぎ、かぼちゃを入れ、塩小さじ½（分量外）を加えてよく炒める。ひき肉、ピーマン、エリンギを加えて5分ほど炒める。

3 **2**に**A**を加えて弱火で5分ほど、ときどき混ぜながら水分を飛ばすようにして炒める。かぼちゃに火が通ったらこしょうを加えて、味をみて塩で調える。

4 グラタン皿にごはんと**3**をたっぷりのせる。真ん中にくぼみをつけて卵を割り落とし、その上からピザ用チーズをかけて、トースターで焼き目をつける。

海鮮ライスサラダ

材料（2〜3人分）

赤身魚の刺身（切り落とし）…250g
アボカド…1個
リーフレタス…3枚
ブロッコリースプラウト…1パック
ミニトマト…5個
ごはん…適量
マヨネーズ…適量
白いりごま…適量

A しょうゆ…大さじ1½
みりん…大さじ1
オリーブ油…大さじ½
練りわさび…小さじ1

作り方

1 刺身は1.5cm角に切ってから、**A**に10分ほど漬けておく。アボカドは1.5cm角に、ミニトマトは3等分に切る。

2 ボウルにごはんと**1**で刺身を漬けたたれを全部入れて混ぜる。刺身、アボカドを加えてざっくりと混ぜる。

3 ちぎったレタスを皿に敷き、**2**を盛り付けてマヨネーズをかける。スプラウト、ミニトマトをのせ、最後にいりごまをふる。

赤身の魚で鉄分を。
火も使わずささっと
作れて栄養価抜群

焼き肉だれで手軽に
エネルギー補給できる子ども大好き丼

彩り野菜のチーズ麻婆丼

材料（2〜3人分）

合いびき肉…200g
なす…1本（80g）
オクラ…3本
ミニトマト…8個
ピザ用チーズ…50g
ごはん…適量
A ┌ 焼き肉のたれ…大さじ1
　│ コチュジャン…小さじ1
　│ 水…大さじ2
　└ 片栗粉…小さじ1
B ┌ にんにくチューブ…1cm
　└ しょうがチューブ…1cm

作り方

1 なす、オクラはそれぞれ食べやすい大きさに乱切りにする。

2 フライパンにひき肉と**B**を入れて炒める。なす、オクラも加えて炒める。

3 火が通ったらトマトを加えてざっくりと炒め、**A**とチーズを入れて全体を混ぜる。

4 どんぶりにごはんを盛り、**3**をかける。

シシリアンライス

お肉と生野菜をのせた
佐賀県のご当地メニュー！

材料 (2〜3人分)

牛切り落とし肉…250g
レタス…2〜3枚
パプリカ…¼個
ミニトマト…10個
ブロッコリースプラウト…1パック
ごはん…適量
マヨネーズ…適量
A［ コチュジャン…大さじ1
　　 しょうゆ…大さじ1
　　 砂糖…小さじ2
　　 酒…小さじ2

作り方

1 レタスは1cm幅に切る。パプリカは薄切りにして3cmの長さに、ミニトマトは半分に切る。

2 フライパンにパプリカと牛肉、**A**を入れて中火にかけ炒める。

3 ごはんにレタス、トマトと**2**をのせる。マヨネーズをかけて、スプラウトをのせる。

スタミナポパイ飯

材料(2〜3人分)

豚もも肉(しゃぶしゃぶ用)…300g
玉ねぎ…¼個(50g)
ほうれん草…½束
コーン缶…50g
水でもどしたひじき…15g
卵…2個
ごはん…適量
小麦粉…適量
バター…10g
塩…少々
サラダ油…適量
A ┌ 焼き肉のたれ…大さじ2
　　└ コチュジャン…小さじ2

作り方

1 豚肉は3〜4cm幅に切り小麦粉をふる。玉ねぎは薄切りにする。ほうれん草はラップに包み、電子レンジで1分半加熱したあと、洗って2cm幅に切る。コーン缶は汁をしっかり切る。

2 鍋に湯(分量外)を沸かしたら火を止めて、卵をおたまなどにのせてそっと入れる。ふたをせず11分30秒おいたらすぐに氷水に入れると、温泉卵が完成。

3 フライパンに油を熱して豚肉と玉ねぎを炒め、**A**を入れて炒め合わせる。

4 温かいごはんをボウルに入れ、ほうれん草、ひじき、コーン、バターを加えてよく混ぜ、塩で味を調える。

5 **4**をお皿に盛り、**3**、温泉卵の順にのせる。

野菜とひじきが
甘辛のお肉とコラボ!
大満足のボリューム飯

シーンに合わせて選んで！
効能別・チャージみそ汁

＼ 疲労回復 ／

おすすめの具

・豚肉（薄切り肉）
・長ねぎ
・さつまいも
・トマト

頻繁に運動をすると、エネルギー変換に使われるビタミンB1が多く必要に。それをたっぷり含む豚肉に、ビタミンB1の吸収をよくする長ねぎをプラス。さつまいもとトマトで疲労回復に効果のある糖質とビタミン、リコピンも補給。また、トマトのクエン酸は乳酸をためない効果が！

＼ スタミナ＆持久力 ／

おすすめの具

・厚揚げ
・かぼちゃ
・にんじん
・ブロッコリー

運動をすると細胞に傷をつける活性酸素が増加。これに抗い、カラダの修復・再生を促すビタミンを摂れば、スタミナ向上が期待できます。野菜からビタミンA・C・Eをチャージし、厚揚げからは持久力に不可欠な鉄分を摂取。

＼ 腸活＆メンタル強化 ／

おすすめの具

・オクラ
・なめこ
・わかめ
・とろろ

腸の健康は、脳の健康に影響を与えます。腸活すれば、メンタルの強化にも。このみそ汁は、水溶性・不溶性、どちらの食物繊維もたくさん含まれています。これが腸内環境を整え、お通じもすっきりと。便秘がちな人もぜひ。

献立にプラスすることで、食事全体の栄養バランスを整えて
エネルギーをチャージするのに役立つみそ汁。
ここでは「疲労回復」や「筋肉づくり」など、
効能別におすすめの具材をたっぷり入れたみそ汁を紹介します！
練習や試合、勉強に集中したいときなど、シーンに合わせて選びましょう。

＼＼骨づくり／／

おすすめの具

- ・さば水煮缶
- ・豆腐
- ・にんじん
- ・小松菜
- ・すりごま

さば缶には、骨づくりに欠か
せないカルシウムと、その吸
収をよくするビタミンDがセ
ットで含まれています。さら
に、たんぱく質や鉄、現代人
に不足しがちな脂肪酸も豊富。
小松菜やすりごまからも、さ
らにカルシウムを摂取して。

＼＼筋肉づくり／／

おすすめの具

- ・鶏もも肉
- ・ブロッコリー
- ・卵
- ・にんじん

鶏肉と卵で筋肉づくりに欠か
せないたんぱく質を補給。鶏
肉はビタミンB6、卵は亜鉛、
ブロッコリーはビタミンCが
豊富。この3つは筋肉の再合
成を促す栄養が。にんじんに
は筋トレのストレスを和らげ
る抗酸化物質がいっぱい。

＼＼エネルギー チャージ／／

おすすめの具

- ・じゃがいも
- ・長ねぎ
- ・豆腐
- ・ほうれん草

糖質は体内でグリコーゲンに
変わって蓄えられ、筋肉を動
かすエネルギー源に。みそ汁
なら、じゃがいもで摂るのが
おすすめ。豆腐からは筋肉に
なるたんぱく質を、ほうれん
草からは汗で失われやすい鉄
とカルシウムを摂取。

5章

スピード調理で
品数アップ！

お手軽
スポ副菜

もう一品プラスしたいときに便利なあえるだけ、
混ぜるだけの副菜がこちら！
特にスポーツをしているお子さんに食べてほしいレシピが勢ぞろいです。
「この栄養素が足りない」というときに献立にピンポイントで加えれば、
簡単に栄養バランスを整えられます。

削りがつおは必須アミノ酸を含む
＆筋肉づくりにも役立つ

きゅうりときくらげのさっと漬け

材料（2～3人分）

きゅうり…1本
きくらげ…5枚
青じそ…3枚
塩昆布…5g
A ┌ ぽん酢…小さじ1
　├ ごま油…小さじ1
　└ 白いりごま…大さじ1

作り方

1 ポリ袋にきゅうりを入れてめん棒で軽くたたき、食べやすい大きさにちぎる。

2 青じそはせん切りに、きくらげは水（分量外）でもどして細く切りボウルに入れる。**1**と塩昆布、**A**を加えて軽くもみ込んで完成。

きゅうりとクリームチーズの おかかあえ

材料 (2～3人分)

きゅうり…1本
クリームチーズ…2個 (30g)
削りがつお…1袋 (2.5g)
ぽん酢…小さじ½
オリーブ油…小さじ1
塩…ひとつまみ

作り方

1 きゅうりは薄切りにし、塩をもみ込み5分ほどおいて水けを絞る。

2 小さめにちぎったクリームチーズ、削りがつお、ぽん酢、オリーブ油を**1**に入れて混ぜる。

さっぱりあえ物にきくらげをプラスして骨づくりに最適

切り干し大根とパプリカの中華あえ

パプリカのビタミンCで
切り干し大根の
鉄分吸収がUP

材料（2〜3人分）

切り干し大根…15g
パプリカ…50g
きゅうり…½本
A［ しょうゆ…小さじ1
　　砂糖…小さじ1
　　酢…小さじ1
　　鶏がらスープの素…小さじ½
　　ごま油…小さじ2

作り方

1 切り干し大根は水洗いし、好みの硬さに水（分量外）でもどして食べやすい大きさに切る。

2 パプリカは薄切り、きゅうりはせん切りにする。

3 ボウルに**A**を入れてよく混ぜ、**1**、**2**を加えて混ぜ合わせる。

混ぜるだけ
切り干しツナサラダ

材料（2〜3人分）

ツナ水煮缶…1缶（70g）
切り干し大根…20g
ブロッコリースプラウト…1パック
コーン缶…50g
塩昆布…10g
A［ オリーブ油…大さじ1
　　レモン汁…小さじ1

作り方

1 切り干し大根は食べやすい大きさに切ってから水でよくもみ洗いし、水けを切ってボウルに入れる。

2 **1**に塩昆布、ツナを汁ごと、汁を切ったコーン、スプラウト、**A**を入れてよく混ぜる。

ツナは良質な
たんぱく質の供給源！
栄養満点の副菜

薄〜くスライスすれば
にんじん嫌いさんも
きっと大満足!

ひらひらにんじん

材料 (2〜3人分)

にんじん…120g
削りがつお…1袋 (2.5g)
マヨネーズ…大さじ1 ½
塩…ひとつまみ

作り方

1 にんじんはピーラーでスライスする。塩
をもみ込み、水けが出たら絞る。

2 1とマヨネーズ、削りがつおを混ぜ合わ
せる。

アボカドクリチ昆布

材料 (2〜3人分)

アボカド…1個
クリームチーズ…3個 (45g)
塩昆布…3g
A ┌ オリーブ油…大さじ1
　└ めんつゆ (3倍濃縮)…小さじ½

作り方

1 アボカドは食べやすい大きさに切る。ク
リームチーズを3等分にちぎって混ぜ、
塩昆布、**A**を入れて混ぜる。

ミネラル豊富な塩昆布を
手軽に摂取!
さっと作れてカラダ喜ぶ

クリーミーなアボカドが
ちくわに絡んで箸がとまらない

ちくわとアボカドおつまみ

材料（2〜3人分）

ちくわ…3本
しらす干し…20g
アボカド…1個
削りがつお…1袋（2.5g）
白いりごま…大さじ1
A ┌ しょうゆ…小さじ½
　　├ ごま油…小さじ1
　　└ にんにくチューブ…1㎝

作り方

1 ちくわは縦半分にして斜め4等分に切る。アボカドは縦4等分にして斜め薄切りにする。

2 **1**としらす干し、削りがつお、いりごま、**A**をボウルに入れてよく混ぜる。

これを食べれば安心できる、
混ぜるだけの究極スポ副菜

究極副菜・まごわやさしい

材料（2〜3人分）

ツナ水煮缶…1缶（70g）
納豆…1パック（添付のたれも使う）
長いも…80g
きゅうり…½本
かいわれ大根…½パック
乾燥きくらげ…3g
塩昆布…10g
白いりごま…大さじ1
オリーブ油…小さじ1

作り方

1 長いも、きゅうりは1cm角に切る。きくらげを水（分量外）でもどし、小さめにちぎる。かいわれ大根は根元を落とす。ツナは汁けを切っておく。

2 ボウルに材料すべてと納豆のたれを入れて混ぜる。

\\ POINT //

「まごわやさしい」とは、豆、ごま、わかめ（海藻）、野菜、魚、しいたけ（きのこ）、いもの頭文字。これらを摂ると健康的な食生活を送れるといわれています。この一品で7つすべてが摂れますよ。

トマトもずく酢

材料 (2〜3人分)

トマト…1個
かいわれ大根…½パック
もずく酢 (三杯酢)…2個

作り方

1 トマトは食べやすい大きさに切って
ボウルに入れ、かいわれ大根ともず
く酢を加えて混ぜる。

市販のもずく酢にトマトと
かいわれを入れるだけ!

トマトとわかめと
枝豆のマリネ

疲労回復&筋肉づくりにも役立ち、
味も彩りもGOOD

材料 (2〜3人分)

玉ねぎ…⅛個 (30g)
ミニトマト…6個
冷凍むき枝豆…60g
乾燥わかめ…6g
A ┌ オリーブ油…大さじ1
　　 酢…大さじ1½
　　 砂糖…小さじ1
　　└ 塩…ひとつまみ

作り方

1 玉ねぎはスライスする。ミニトマトは半
分に切る。枝豆は解凍する。乾燥わかめ
を水 (分量外) でもどす。

2 ボウルに**A**を入れてよく混ぜ、玉ねぎ、わ
かめ、枝豆、トマトを加えてさらに混ぜる。

どんなおかずとも相性抜群！
塩麹でやさしい味のお浸し

ほうれん草とわかめのお浸し

材料（2〜3人分）

ほうれん草…1束
乾燥わかめ…5g
A ┌ 塩麹…小さじ2
　　├ ごま油…小さじ1
　　└ 白いりごま…小さじ1

作り方

1 ほうれん草を食べやすい大きさに切ったら耐熱容器に入れてラップをかけ、電子レンジで3分加熱する。乾燥わかめは水（分量外）でもどしておく。

2 ほうれん草は水で洗ってアクを落とし、水けを絞る。わかめ、**A**を加えて混ぜ合わせる。

海藻類は骨を丈夫に
するために役立つ！

シャキシャキもやしと
わかめのナムル

材料（2〜3人分）

もやし…1袋（200g）

乾燥わかめ…5g

A ┌ ごま油…大さじ1
　├ ぽん酢…大さじ1
　├ にんにくチューブ…1cm
　└ 鶏がらスープの素…小さじ¼

\\ **POINT** //

もやしはビタミンB₁・Cが含まれ
ているので、もやしとわかめのゆで
汁をみそ汁に使えば、栄養素を無駄
なく摂ることができます。

作り方

1 鍋にもやしを入れ、浸るくらいの水（分量外）を注いで中火にかける。わかめを加えて沸騰したらざるにあげる。粗熱がとれたらギュッと絞り、さらにキッチンペーパーで包んで水けをしっかり絞る。

2 ボウルに**A**を入れて混ぜ、**1**を加えて全体を混ぜる。

削りがつおが味のアクセント！
すっきり食べやすい和風サラダ

水菜の簡単サラダ

材料（2～3人分）

水菜…200g
削りがつお…1袋（2.5g）
白いりごま…大さじ1
板のり…1枚
オリーブ油…大さじ1
しょうゆ…小さじ1弱

作り方

1 水菜は根元を切り、3cm幅に切る。

2 ボウルに1、削りがつお、ちぎったのり、いりごま、オリーブ油、しょうゆを入れて全体をよく混ぜる。

// POINT //

水菜はカルシウムや鉄を含む緑黄色野菜。そこにミネラル豊富な削りがつおや白いりごま、のりがプラスされているので、丈夫なカラダをつくるのに最適！

109

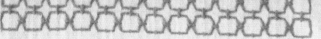

玉ねぎをたっぷり食べて
血液サラサラに期待！

オニオン
ツナサラダ

材料 (2〜3人分)

ツナ水煮缶…30g
玉ねぎ…½個 (100g)
コーン缶…30g
かいわれ大根…½パック
削りがつお…1袋 (2.5g)
ぽん酢…小さじ2
ごま油…小さじ1

作り方

1 玉ねぎはスライスする。か
いわれ大根は根元を落とす。

2 ボウルに**1**、汁を切ったコー
ンとツナ、削りがつお、
ぽん酢、ごま油を入れてよ
く混ぜる。お好みでパン
（分量外）を添える。

のり塩オクラ

材料（2〜3人分）

オクラ…5〜6本
サラダ油…適量
A ┌ 小麦粉…大さじ1
　　│ 水…大さじ1½
　　│ 塩…小さじ¼
　　└ 青のり…小さじ½

食物繊維豊富なオクラを
青のり風味で
おいしく食べよう

作り方

1 オクラは塩（分量外）をふり、板ずりを
してガクを取る。

2 バットにAを合わせて入れ、**1**を加える
（バットがない場合はポリ袋にAを合わ
せて入れてから、**1**を加えてよく混ぜる）。

3 油を熱したフライパンで**2**をこんがりと
焼く。

蒸しなす中華マリネ

材料（2〜3人分）

なす…大2本
A ┌ ごま油…小さじ2
　　│ 鶏がらスープの素…小さじ1強
　　│ 砂糖…小さじ2
　　│ しょうゆ…小さじ1
　　│ 酢…小さじ1
　　│ しょうがチューブ…1cm
　　└ 白いりごま…大さじ1

抗酸化力の高いなすのマリネ！
おつまみにもどうぞ

作り方

1 なすを1本ずつラップに包み、なすの表
面を指で押してへこむくらいやわらかく
なるまで電子レンジで3〜4分加熱する。
ラップのまま冷水にさらし、ラップを外
してヘタを取る。

2 縦4等分に切り、横3等分に切る。合わ
せた**A**に漬け約1時間冷蔵庫で冷やす。

はるはる

アスリートレシピに精通した料理家。小学校〜大学まで競泳選手として過ごし、母になってからサッカーを頑張る息子のためにアスリートフードマイスター2級を取得。その食生活を公開した料理ブログ『はるはるの子供アスリート栄養満点ご飯』が大ヒット。Instagram、YouTubeでの発信のほか、オンライン学校も主催している。栄養満点かつ簡単でおいしい、子どもがよろこぶレシピに定評があり、レシピ本『スポーツを頑張る子どもにエール！はるはるママの栄養満点ごはん』『はるはるママの朝ラクできる部活弁当』『はるはるママの試合に勝つ子を育てる！強いからだをつくる献立』など、多数がロングヒット中。

子どもウケも栄養もばつぐん

はるはるママのパワーチャージごはん

2023年10月3日　初版発行

著者　はるはる

発行者／山下 直久

発行／株式会社KADOKAWA
〒102-8177　東京都千代田区富士見2-13-3
電話0570-002-301（ナビダイヤル）

印刷所／TOPPAN株式会社

製本所／TOPPAN株式会社

●お問い合わせ
https://www.kadokawa.co.jp/（「お問い合わせ」へお進みください）
※内容によっては、お答えできない場合があります。
※サポートは日本国内のみとさせていただきます。
※Japanese text only

定価はカバーに表示してあります。